Fiche **philosophe**

Par Dominique Coutant-Defer

Freud

lePetitPhilosophe.fr

FREUD

MÉDECIN AUTRICHIEN ET FONDATEUR DE LA PSYCHANALYSE

- **Né en 1856 à Freiberg (Autriche)**
- **Décédé en 1939 à Londres**
- **Quelques-unes de ses œuvres :**
  - *L'Interprétation des rêves* (1900)
  - *Totem et Tabou* (1913)
  - *Malaise dans la civilisation* (1929)

Neurologue et psychiatre d'origine juive, Sigmund Freud est le **père de la psychanalyse**, qui fait figure de **véritable révolution** dans le paysage scientifique et philosophique du **début du XXᵉ siècle** : elle remet en cause la conception selon laquelle l'homme serait totalement libre et rationnel en postulant l'existence de l'inconscient.

La psychanalyse se définit à la fois comme **un moyen thérapeutique** permettant de guérir les névroses par l'analyse psychique du patient, comme **une méthode d'investigation** des processus mentaux et comme **une théorie du fonctionnement psychique**. La théorie psychanalytique permet également à Freud de donner une explication des phénomènes collectifs comme la religion ou la guerre, par exemple.

Tout au long de sa carrière, Freud a publié de nombreux ouvrages sur ses recherches. Ses découvertes sont souvent devenues l'objet de **controverses** et, aujourd'hui encore, si la psychanalyse rassemble de nombreux adeptes, elle fait toujours débat en s'attirant de violentes critiques.

BIOGRAPHIE

UNE JEUNESSE STUDIEUSE

Sigismund Freud (il transformera ensuite son prénom en « Sigmund ») est **né en 1856 à Freiberg** en Moravie, en Autriche (région d'Autriche située aujourd'hui en République tchèque), au sein d'une famille juive marquée par la pauvreté. En 1860, sa famille s'installe à **Vienne**, dans le quartier juif de Léopoldstadt. Le jeune Sigmund a de **nombreux centres d'intérêt** : tout en étudiant la biologie et la botanique, il se dote d'une solide culture littéraire et se passionne pour les langues anciennes et l'archéologie. Ses parents, d'origine modeste, encouragent vivement les talents de leur fils, parfois au détriment de ses nombreux frères et sœurs.

En 1881, il commence des **études de médecine** à l'université de la capitale autrichienne. Dans ce cadre, il effectue en 1885 un stage de quatre mois à **l'hôpital de la Salpêtrière à Paris**, aux côtés du professeur **Jean-Martin Charcot** (1825-1893), le neurologue (spécialiste des maladies nerveuses) le plus réputé de l'époque. S'il est enthousiasmé par les travaux du maitre sur l'hystérie et l'hypnose, il s'avoue déçu par la ville de Paris.

En 1886, Freud ouvre un **cabinet de médecine à Vienne** et prend la direction du service de neurologie d'une clinique. Ensuite, sa situation financière s'améliorant, il **épouse Martha Bernays**, à laquelle il est fiancé depuis quatre ans. De leur union naitront six enfants.

L'ÉLABORATION DE LA PSYCHANALYSE

Élu membre de la Société médicale de Vienne en 1887, il **publie ses premiers travaux** et commence à **collaborer avec Josef Breuer** (1842-1925), un spécialiste viennois de **l'hystérie** qui lui fait part du cas d'Anna O., une patiente qui souffre de cette maladie nerveuse et qu'il soigne par la « cure cathartique », fondée sur l'hypnose. Il s'agit d'une technique consistant à plonger le malade dans un sommeil artificiel censé lever les inhibitions. Cette nouvelle approche de la maladie et l'étude de ce cas clinique sont déterminantes pour Freud. Il enrichira par la suite la technique de l'hypnose par **l'écoute de la parole** des patients éveillés en utilisant le jeu de la libre association d'idées qui leur permet de faire émerger des souvenirs enfouis.

En 1891, il s'installe avec sa famille au 19 Berggasse, à Vienne, où il va désormais à la fois vivre et travailler. Aujourd'hui encore, on peut visiter cet appartement et y découvrir le fameux divan sur lequel le psychiatre allongeait ses patients. Les années suivantes, pendant lesquelles Freud travaille avec acharnement, voient la naissance de **nombreuses théories** qui auront un grand **retentissement dans le monde scientifique** : Freud mène par exemple des recherches sur la sexualité infantile, élabore les théories du complexe d'Œdipe, du transfert ou encore du refoulement, et fonde la science de l'interprétation des rêves ou encore la topologie du psychisme. En 1896, il baptise sa méthode d'approche des névroses **la « psycho-analyse »**, et le premier congrès international de psychanalyse se tient à Salzbourg en 1908. Puis, en 1920, il élargit ses recherches aux problèmes des civilisations humaines.

Toutes ses découvertes sont assorties d'une **abondante correspondance avec divers chercheurs**, en particulier avec le médecin Wilhelm Fliess (1858-1928), et de la **publication de nombreux ouvrages** :

- *Études sur l'hystérie* (1896, en collaboration avec Josef Breuer) ;
- *L'Interprétation des rêves* (1900) ;
- *Psychopathologie de la vie quotidienne* (1904) ;
- *Trois essais sur la théorie de la sexualité* (1905) ;
- *Cinq leçons sur la psychanalyse* (1909) ;
- *Totem et Tabou* (1913) ;
- *Introduction à la psychanalyse* (1917) ;
- *Au-delà du principe de plaisir* (1920) ;
- *L'Avenir d'une illusion* (1927) ;
- *Malaise dans la civilisation* (1929), etc.

Freud est récompensé en 1930 par le prestigieux prix Goethe, une récompense culturelle allemande.

UNE INFLUENCE INCONTESTABLE

Les **dernières années** de la vie de Freud sont **difficiles** : en 1933, les nazis, contestant sa vision de l'homme, brulent ses livres et, en 1938, le médecin doit **fuir l'Autriche** et se réfugier en **Angleterre**, accompagné de la dernière de ses filles, Anna, une de ses collaboratrices et éminente disciple. Il est aidé dans ses démarches par Marie Bonaparte (1882-1962), descendante de Napoléon Ier, qui a d'abord été une de ses patientes, puis qui a traduit plusieurs de ses essais et fondé en France la première société de psychanalyse. Il meurt à Londres un an plus tard, en 1939, emporté par un **cancer de la gorge** qui s'était déclaré en 1923 et qui avait été opéré maintes fois.

Vivement **critiqué dans le milieu médical** de son époque, au point d'être interdit d'exercer dans certains lieux, Freud **parvient tout de même à imposer ses théories** qui, en accordant à l'esprit humain une part inconsciente, révolutionnent la vision de l'homme et s'érigent de ce fait en philosophie. Aujourd'hui, si les théories freudiennes restent controversées (la psychanalyse n'est toujours pas reconnue comme une science médicale), elles sont cependant considérées comme fondamentales dans l'histoire de la psychologie moderne.

CONTEXTE PHILOSOPHIQUE

LA PSYCHIATRIE AU XIXe SIÈCLE

Freud, penseur venu de la médecine, hérite tout d'abord, dans la formulation de ses concepts, des acquis de la psychiatrie de son époque, qui est en pleine évolution dans le **bouillonnement intellectuel** de l'Autriche de la fin du XIXe siècle.

Le traitement des troubles mentaux consiste, depuis des décennies, à isoler les malades dans des asiles d'aliénés où ils subissent des traitements inhumains, aussi barbares qu'inefficaces, qui ne font que calmer les crises nerveuses. Mais peu à peu, certains médecins commencent à considérer que **la psychiatrie** doit être soumise à des **normes rigoureuses** et bénéficier des **mêmes méthodes d'investigation que les autres disciplines médicales**.

L'étude de l'hystérie, plus particulièrement, connait **d'importantes avancées**. Cette pathologie expose le patient à toutes sortes de dérèglements nerveux et à des excès émotionnels incontrôlables. On la considère comme une maladie essentiellement féminine, le terme « hystérie » venant de *hystera* qui signifie « utérus » en grec. Comme pour les autres troubles mentaux, cette maladie fait l'objet de traitements coercitifs et inopérants. À la fin du XIXe siècle, **Charcot** avance l'idée que l'hystérie ne provient d'aucune lésion organique, mais qu'**elle s'apparente à une névrose**. L'origine du trouble est donc cérébrale, et celui-ci est lié à certaines représentations mentales. Le neurologue utilise alors **d'autres moyens thérapeutiques**, **notamment l'hypnose**, dont les résultats se révèlent plus positifs.

FREUD AU TOURNANT DE LA PSYCHIATRIE

C'est précisément au cours du stage qu'il effectue avec Charcot en 1885 que **Freud prend connaissance de ces nouvelles recherches qui constitueront l'amorce de la nouvelle science qu'il va initier : la psychanalyse**. Plus précisément, l'hypnose lui révèle que, plongés dans un sommeil artificiel, les malades peuvent dire des choses qu'ils ignorent à l'état conscient (citation 1). C'est pour Freud la révélation de l'inconscient : selon lui, il y a en nous des données dont nous ne nous rappelons pas, mais qui agissent sur notre conscience.

Il utilise les découvertes de ses prédécesseurs et les enrichit peu à peu grâce à une méthode expérimentale : ses patients et ce qu'ils évoquent de leurs troubles aident progressivement le médecin viennois à constituer ses concepts-clés et ses théories fondamentales.

La psychanalyse désigne à la fois :

- **un moyen thérapeutique** : c'est d'abord ainsi que l'envisage Freud, constatant que l'hypnose, qu'il abandonnera ensuite au profit de l'écoute du patient éveillé, révèle souvent chez ce dernier des souvenirs enfouis, traumatisants, liés pour la plupart à la sexualité ;
- **une étude des phénomènes de l'inconscient** : les patients révèlent en effet pendant la cure psychanalytique des éléments de leur vécu qui avaient jusqu'alors échappé à leur conscience. Freud en déduit l'existence de l'inconscient et étudie alors, par exemple, les mécanismes du refoulement, de la censure, du rêve, de la pulsion, etc. ;
- **une théorie du fonctionnement du psychisme** : celui-ci est perçu comme dynamique, comme un champ où s'affrontent les éléments conscients et inconscients, dont Freud définit les zones respectives, créant ainsi une véritable géographie du psychisme humain.

LA RÉVOLUTION FREUDIENNE

Les théories freudiennes sur le psychisme humain ont largement **influencé les psychanalystes qui lui ont succédé**. Nombre d'entre eux prennent appui sur la pensée freudienne, même s'il s'agit de la contester ou de lui trouver d'autres débouchés, et de nombreuses écoles ou sociétés de psychanalyse, aux orientations spécifiques, se sont créées dans le monde entier.

Le psychanalyste viennois compte **deux dissidents d'importance** parmi ses disciples de la première heure :

- **Carl Gustav Jung** (1875-1961) a été l'un des premiers collaborateurs de Freud, puis s'en est éloigné en raison de divergences théoriques. Jung préfère en effet émettre **l'hypothèse d'un inconscient collectif** et non individuel. Il s'intéresse dès lors à la psychanalyse des cultures et à leurs mythes ;
- **Alfred Adler** (1870-1937) participe, dans un premier temps, aux cercles de discussion organisés par Freud. Mais il conteste par la suite la théorie freudienne selon laquelle l'homme est régi par des pulsions : à ses yeux, l'homme est une nature libre. En outre, il se rend compte que chaque patient est fondamentalement différent. Il crée donc le **concept de « psychologie individuelle »** et fonde sa propre école.

Dans les **années 1950-1970**, le psychanalyste français **Jacques Marie Lacan** (1901-1981) effectue en revanche un retour vers la pensée freudienne, en envisageant cette dernière sous un autre angle : selon Lacan, « **l'inconscient est structuré comme un langage** ». Il s'appuie sur certains textes de Freud, notamment ceux concernant les rêves, pour étayer sa thèse. Pour Lacan, le psychanalyste est avant tout un linguiste qui doit étudier les mots par lesquels s'exprime l'inconscient.

Enfin, pour clore cette liste non exhaustive de la postérité freudienne, on peut citer **Françoise Dolto** (1908-1988), une psychanalyste qui a travaillé avec Lacan et s'est plus précisément intéressée aux **troubles infantiles**. Elle reconnait à Freud, entre autres mérites, d'avoir donné la parole à la sexualité, en particulier à la sexualité féminine.

Plus près de nous, Freud suscite encore des réactions. Celle, par exemple, de l'universitaire **Michel Onfray** (né en 1959) qui a publié récemment un ouvrage (*Le Crépuscule d'une idole. L'affabulation freudienne*, 2010) dans lequel il critique violemment le père de la psychanalyse, le considérant comme un réactionnaire, garant de la tradition bourgeoise, dont la méthode thérapeutique n'aurait de plus pas fait ses preuves.

Pourtant, **Freud considérait lui-même son édifice théorique comme la troisième étape cruciale de l'humanité** en ce qui concerne la vision qu'elle a d'elle-même :

- le premier bouleversement a été opéré par Copernic (1473-1543) et par Galilée (1564-1642), découvrant que la Terre n'est pas le centre de l'Univers ;
- le deuxième par Darwin (1809-1882), qui considère l'homme comme un simple maillon dans l'évolution des

espèces ;

- le troisième par Freud lui-même, révélant que l'homme n'est, en quelque sorte, « plus maitre chez lui », dominé par les forces obscures de son inconscient.

PENSÉE ET APPORT

Freud a exploré un continent encore fort méconnu à l'aube du XXe siècle, celui du psychisme humain, auquel il accorde une part inconsciente qui constituerait pourtant la structure fondamentale de notre existence (citation 2). Sa pensée s'oriente dans deux directions :

- **la théorie de l'inconscient**. Freud a formulé l'hypothèse de l'inconscient à partir des conclusions qu'il a tirées de l'hypnose, puis de la cure psychanalytique, qui étudie par exemple les rêves, les lapsus et les actes manqués révélés par les patients souffrant de névroses. Il en a ensuite déduit que le psychisme était dynamique et a mis au jour des concepts-clés comme, entre autres, le transfert, le refoulement, la pulsion ou encore la libido, qui fondent la théorie psychanalytique ;
- **les champs d'application de la théorie**. La théorie freudienne a ensuite été élargie aux diverses productions sociales et collectives, comme la religion, la guerre ou l'art.

LA CURE PSYCHANALYTIQUE

Une « cure de paroles »

Freud a accédé au savoir sur l'inconscient non pas à partir de vues théoriques, mais grâce à son **expérience clinique** et à la thérapie quotidienne, appelée « cure psychanalytique », qu'il pratiquait sur ses patients atteints de névrose ou de psychose. Il s'agit d'une **pratique thérapeutique** qui consiste à **faire parler les malades** par le jeu de la libre association d'idées ou de souvenirs. C'est un processus long, parfois pénible pour le patient qui se trouve contraint d'affronter ses démons, ce qui peut prendre plusieurs mois, voire plusieurs années.

La cure psychanalytique met en évidence **le phénomène du transfert** : le patient opère une projection sur le médecin, qui peut être positive (le malade éprouve une tendance érotique à l'égard de l'analyste) ou négative (projection hostile sur ce dernier des défauts que le patient découvre en lui-même). D'abord considéré par Freud comme un obstacle à la cure, le transfert sera ensuite utilisé dans l'intérêt de cette dernière.

Deux domaines attirent plus particulièrement l'attention de Freud lors de cette « cure de paroles » qu'est une psychanalyse : les rêves et les actes manqués.

L'analyse des rêves

L'activité du psychisme qui se déroule pendant le sommeil est l'objet d'une interprétation méthodique de la part de Freud alors qu'elle était auparavant cantonnée à la prophétie de l'avenir. Pour la psychanalyse, **le rêve fait apparaitre le travail de l'inconscient, car le désir s'y exprime de manière déguisée** : l'origine psychique du rêve est en effet très différente de son expression dernière (citation 3).

Freud distingue :

- **le contenu manifeste du rêve**, celui qui apparait au dormeur à son réveil et qui se présente souvent comme une suite d'images incohérentes et incompréhensibles, provenant de l'inconscient et dont la signification réelle est travestie ;

- **le contenu latent**, c'est-à-dire caché, soit la signification véritable du rêve après déchiffrement et interprétation du psychanalyste (<u>citation 4</u>).

Le psychisme emploie divers moyens pour rendre le rêve incompréhensible :

- **la condensation** : le rêve parait souvent pauvre en signification lorsqu'il est raconté, car plusieurs sens peuvent être concentrés sur un seul élément. Freud donne l'exemple d'un de ses propres rêves : il est assis dans un compartiment de train avec un chapeau haut de forme en verre transparent sur les genoux. Selon le psychanalyste, plusieurs sens sont associés au chapeau : il évoque d'une part la respectabilité, d'autre part il fait penser à un bec Auer, instrument utilisé en chimie, avec lequel son inventeur, un ami de Freud, a fait fortune. Freud en déduit qu'il désire lui aussi acquérir la gloire avec l'invention de la psychanalyse ;
- **le déplacement** : ce qui constitue apparemment l'essentiel des pensées du rêve se retrouve finalement décentré après analyse. Inversement, les détails anodins du contenu manifeste se trouvent être liés aux pensées latentes les plus importantes.

Condensation et déplacement sont deux mécanismes utilisés par l'inconscient pour masquer à la conscience une réalité gênante.

L'analyse des actes manqués

Les actes manqués sont le fait de sujets éveillés et re-groupent tous ces actes de la vie quotidienne que l'on rencontre (tout comme le rêve) aussi bien chez les individus normaux que chez les névrosés. Les actes manqués (qui regroupent l'oubli de certains noms, les erreurs de lecture, la perte ou le bris d'objets, les lapsus, les gestes qu'on ac-complit sans le remarquer, etc.) se caractérisent par le fait qu'ils ont manqué leur but. On les attribue ordinairement au hasard, à la maladresse ou à la distraction. Or, selon Freud, **ces actes manqués ont un sens et requièrent une interprétation**, tout comme les rêves, car ils sont **une manifestation de l'inconscient** (citation 5). On peut citer l'exemple d'un homme qui, se rendant en voiture à un dé-jeuner chez ses beaux-parents qu'il n'a aucune envie de voir, passe devant une pompe à essence sans s'y arrêter, alors que son réservoir est vide.

Mais qu'est-ce qui est à l'œuvre dans le processus des rêves ou des actes manqués ? Pourquoi ces derniers déguisent-ils la réalité ?

LE REFOULEMENT

Un des concepts majeurs de la psychanalyse

Le refoulement est un des concepts majeurs de la psychana-lyse. Il correspond à la non-expression d'éléments gênants ou désagréables, ou d'un évènement traumatisant qui a pro-voqué la maladie dans le cas d'un sujet atteint de troubles psychiques. Pour survivre, **l'individu refoule, repousse**

dans son inconscient la représentation perturbante (ci-tation 6). Cependant, l'inconscient se manifeste de manière indirecte (dans les rêves et les actes manqués, notamment) ou s'exprime sous forme de névroses ou de crises d'hystérie par exemple. Par conséquent, **la cure psychanalytique vise à libérer le malade du refoulé enfoui** dans l'inconscient pour le faire émerger à la conscience et ainsi guérir le patient. La prise de conscience de ce que l'on a refoulé est pour Freud un indice que le patient est en voie de guérison.

Refoulement et sexualité

La cure analytique met souvent en lumière **un évènement traumatisant lié à la sexualité**. Il peut s'agir, par exemple, d'un abus sexuel subi dans l'enfance ou de la vision de ce que Freud appelle « la scène primitive » : l'enfant a assisté à un rapport sexuel et en a gardé une impression de violence et d'agression. Ces souvenirs sont rejetés par le sujet dans l'inconscient, car ils sont trop pénibles.

Le retour du refoulé, soit le moment où le souvenir trauma-tisant remonte à la conscience, permet à Freud d'affirmer, entre autres, **l'existence d'une sexualité infantile qui comporte différents stades** :

- **le stade oral** (de la naissance à deux ans) : le sein mater-nel est le premier objet d'amour du nourrisson qui tète, ainsi que son premier mode de satisfaction sexuelle ;
- **le stade anal** (de deux à quatre ans) : c'est le moment où l'enfant fait l'apprentissage de la propreté. Pour conserver l'amour de ses parents, il apprend à maitriser ses sphincters, ce qui lui donne une impression de

toute-puissance ;

- **le stade phallique** (de quatre à six ans) : l'enfant découvre la différence des sexes et éprouve alors des sentiments ambivalents d'amour vis-à-vis du parent du sexe opposé et de jalousie envers celui du même sexe. C'est ce qu'on appelle le complexe d'Œdipe, en référence au célèbre héros de la mythologie grecque ;
- **le stade de latence** (jusqu'à douze ans) : la sexualité de l'enfant est mise en veilleuse sous l'effet des interdits qui se mettent en place. Ensuite, l'adolescent passe à la sexualité adulte, potentiellement reproductrice.

Freud est également le premier à mettre en avant **la sexualité féminine**, fondée selon lui sur le **complexe de castration** et la **frustration liée à l'absence de pénis**, théorie souvent jugée réductrice par la suite.

Toutes ces découvertes issues de l'analyse des patients poussent le médecin viennois à **admettre l'hypothèse d'un psychisme inconscient**, qu'il considère comme légitime et prouvée, au vu des lacunes de la conscience et de certains actes conscients incohérents et incompréhensibles. Le conscient ne constituerait d'ailleurs selon lui qu'une faible partie du psychisme. Freud élabore ainsi une première représentation, spatiale, du psychisme.

LES DEUX TOPIQUES

Le conscient, le préconscient et l'inconscient

La première topique (en logique, ce terme désigne la théorie des catégories générales ; Freud l'applique à la théorie des catégories qu'il détermine dans le psychisme) est mise au point en 1900. Selon Freud, **deux systèmes cohabitent dans le psychisme :**

- **un système composé du préconscient et du conscient** qui constitue, pour reprendre l'image freudienne, « la partie émergée de l'iceberg ». Le conscient a en charge la réponse de l'individu aux exigences de la vie, tandis que le préconscient est une sorte de seuil intermédiaire, où les souvenirs ne sont ni réellement conscients, ni refoulés. Il contient par exemple les souvenirs latents ou les connaissances anciennes non réactualisées par la conscience ;

- **un système inconscient** constituant « la partie immergée de l'iceberg ». Il contient les souvenirs refoulés qui ne peuvent franchir la barrière du préconscient et s'expriment dès lors sous forme de rêves, d'actes manqués ou de symptômes névrotiques. La cure psychanalytique aide à les faire émerger.

Le ça, le moi et le surmoi

Quant à la seconde topique, elle est élaborée en 1920 et présente un aspect dynamique et conflictuel. Freud explique que, dans le psychisme, **trois instances sont en présence et interagissent** :

- **le ça** représente **le réservoir des pulsions**. Freud définit la pulsion comme une poussée d'origine biologique et instinctive qui provient d'une partie du corps et qui fait tendre l'organisme vers un but : la satisfaction de la pulsion et la suppression de l'état de tension qu'elle engendre. Freud avance que toute pulsion a une représentation dans le psychisme, montrant ainsi l'indissociabilité du corps et du psychisme, ce qu'aucun médecin n'avait fait avant lui. En effet, le corps médical soignait auparavant l'une ou l'autre de ces deux composantes, sans envisager de lien entre elles.

  Les pulsions sont **régies par la libido**, c'est-à-dire l'énergie vitale qui œuvre dans toute la vie psychique. Celle-ci nait de la transformation de la pulsion sexuelle originaire qui s'investit alors sur différents objets selon les stades de la vie. Elle se fixe d'abord sur le sujet lui-même, puis se détourne ensuite vers les objets de l'extérieur. Le ça obéit donc selon Freud au **principe de plaisir** qui régit l'univers mental de l'individu et le fait tendre vers l'évitement du déplaisir ;

- **le moi** représente quant à lui **le principe de réalité**, second principe régulateur de notre fonctionnement psychique après le principe de plaisir. Le moi nait en se détachant du ça et a pour fonction de maintenir l'équilibre entre les exigences intérieures du ça et les contraintes imposées par le surmoi, qui règle la vie en société ;
- **le surmoi**, enfin, représente **une partie du moi créée peu à peu par l'intériorisation des interdits depuis la petite enfance**. Il est selon Freud **l'héritier du complexe d'Œdipe**. Pour garder l'amour de ses parents, l'enfant intériorise les interdits fondamentaux de l'inceste et du parricide, que ses parents avaient eux-mêmes intériorisés au même âge. Le surmoi de l'enfant s'édifie ainsi d'après le modèle parental et l'enfant devient dès lors porteur d'une certaine tradition, autrement dit de toutes les valeurs et interdits qui se perpétuent de génération en génération. Le surmoi représente symboliquement les parents et a une **fonction de censure et de culpabilisation**. Il constitue **la conscience morale de l'individu** (citation 7).

Ces concepts-clés vont permettre à Freud d'étendre la psychanalyse à d'autres domaines, notamment aux pratiques collectives.

LES CHAMPS D'APPLICATION DE LA THÉORIE FREUDIENNE

Freud ne s'est pas contenté de créer une thérapie applicable aux névroses individuelles : il a tenté, au moyen des concepts de la psychanalyse, d'**élucider le sens de diverses productions collectives**. Remontant aux sources de l'humanité, il a établi un lien entre les cultures primitives (qu'il a découvertes dans les récits de voyage de son époque) et les névroses de l'homme dit civilisé, et il a élaboré une théorie de la culture éclairée par la psychanalyse.

Le meurtre du père et le repas totémique

S'appuyant sur l'hypothèse darwinienne, Freud suppose, à l'origine de l'humanité, **l'existence d'une horde primitive, placée sous l'autorité d'un père tout-puissant** qui garde jalousement toutes les femmes pour lui. Pour avoir accès à ces dernières, **les hommes tuent le père et le mangent** lors d'un festin totémique. Puis, pris de remords et craignant les représailles du père qu'ils se sont incorporé, **ils lui érigent un totem** (mot qui désigne à la fois un être mythique et sa représentation, le plus souvent sous forme de statue) qu'il convient de respecter. Ils établissent également **des lois strictes et deux tabous** (des prohibitions à caractère sacré) principaux qui interdisent aux hommes d'approcher les femmes de leur clan et de tuer le totem. La culture humaine serait donc née sous les auspices de **l'inceste** et du **parricide**, actes dont la stricte prohibition se serait transmise de manière inconsciente de génération en génération.

L'illusion religieuse

Freud, dans ses derniers écrits, propose une interprétation générale de la culture humaine. Il s'interroge en particulier sur la valeur et la signification des faits religieux, dont il expose la genèse psychique.

Selon lui, **les dogmes religieux** (il s'agit de points de doctrine considérés comme des vérités fondamentales et incontestables) **fondent leur puissance sur la réalisation des désirs les plus archaïques et les plus puissants de l'humanité**. Il évoque la terrifiante détresse du nourrisson dépendant d'autrui pour satisfaire ses moindres besoins et celle de l'enfant qui réclame amour et protection, qui sont accordés par le père, auquel l'enfant se cramponne. Cette détresse perdurant tout au long de la vie humaine, l'individu tente alors de se raccrocher à un père encore plus puissant : Dieu (citation 8). **L'angoisse humaine face aux dangers de la vie s'apaise à la pensée de la Providence divine**. De plus, les exigences de justice et d'ordre moral, souvent inassouvies pendant l'existence terrestre, se verront satisfaites dans la vie après la mort que promet la religion. Pour Freud, cette dernière représente donc **une illusion à travers laquelle l'homme angoissé s'accroche à un père protecteur, aimant et tout-puissant**.

Selon le psychanalyste, Dieu est un père transfiguré et il existe un **lien intime entre le rapport au père et la croyance en Dieu**. Le rapport au père étant toujours ambivalent (fait à la fois de besoin de protection et d'agressivité), le rapport à Dieu et à la religion l'est également. Par exemple, si un homme a rejeté l'autorité paternelle dans sa première enfance, il y a peu de chances que cet homme devienne croyant par la suite et se plie au joug d'une religion dogmatique. Si au contraire, il a admis et intériorisé l'autorité paternelle, Dieu lui apparaitra comme une sublimation (transfert des instincts en activité, ici religieuse) et comme un retour aux perceptions de l'enfance.

L'art et la satisfaction des désirs inconscients

Il est convenu que **l'art nait de l'imaginaire** de l'artiste. Or pour Freud, l'imaginaire est une réserve d'images constituée lors du passage douloureux du principe de plaisir au principe de réalité. En d'autres termes, **l'imaginaire est un substitut à la satisfaction instinctive à laquelle l'individu a dû renoncer**. L'artiste, comme le névrosé, s'est détaché de la réalité insatisfaisante et s'est réfugié dans un monde imaginaire. Mais contrairement au névrosé, il a su reprendre pied dans la réalité au moyen de ses créations, les œuvres d'art, qui représentent en fait les satisfactions imaginaires de ses désirs inconscients. L'artiste retire ainsi du plaisir de ses œuvres achevées, alors que le névrosé reste attaché aux images perturbantes issues de sa névrose.

De ce fait, les œuvres d'art peuvent relever d'une **interprétation psychanalytique**. Otto Rank (1884-1939), un des disciples de Freud, a d'ailleurs étudié sous cet angle la pièce *Hamlet* de Shakespeare (1564-1616) où les thèmes du meurtre du père, de l'amour pour la mère, de la jalousie vis-à-vis du beau-père, de l'incapacité à tomber amoureux peuvent effectivement être éclairés par la psychanalyse.

La guerre et la pulsion de mort

Frappé par la violence de la Première Guerre mondiale, Freud élabore ce qu'il appelle la **théorie des instincts**, qui correspond aux derniers aspects de la synthèse freudienne. Plus précisément, **il scinde en deux blocs les pulsions instinctives contenues dans le ça** :

- **celles qui visent le plaisir ;**
- **celles qui tendent à la destruction.**

Les disciples de Freud se sont par la suite servis des deux figures opposées d'Éros (dieu de l'amour chez les Grecs) et de Thanatos (qui signifie « mort » en grec) pour illustrer cette scission des pulsions instinctives.

Selon lui, **la pulsion de mort est à l'œuvre dans la guerre**. L'homme n'est pas, comme on le croit, un être qui se défend et devient violent uniquement quand on l'attaque : il fait agir dans la guerre la pulsion de mort et d'agressivité qui fait partie de ses données instinctives. Il perd alors tout égard pour sa propre espèce. Cette pulsion meurtrière que l'individu possède en lui-même et qu'il suppose à bon droit chez son prochain constitue donc le principal facteur des dérèglements comme la guerre.

Freud étend également l'instinct de mort à d'autres formes d'agressions : l'exploitation du travail d'autrui, le vol, la torture physique et morale, les abus sexuels, etc. Selon lui, une hostilité primaire dresse les individus les uns contre les autres et menace de ruine les civilisations. Citant Thomas Hobbes (1588-1679), Freud note que « **l'homme est un loup**

pour l'homme » (*Homo homini lupus*).

EN RÉSUMÉ

Freud a accédé au savoir sur l'inconscient grâce à la pratique de la cure psychanalytique, au cours de laquelle il s'intéresse plus particulièrement aux **rêves** et aux **actes manqués**, qui font l'objet d'une interprétation de sa part. Les rêves et les actes manqués **font apparaitre le travail de l'inconscient**, car le désir s'y exprime de manière déguisée, effet du refoulement.

Le **refoulement** correspond à la **non-expression d'éléments gênants ou désagréables**, ou d'un évènement traumatisant, souvent lié à la sexualité. Pour survivre, l'individu repousse dans son inconscient la représentation perturbante. La cure psychanalytique vise à libérer le malade du refoulé enfoui dans l'inconscient pour le faire émerger à la conscience.

Selon Freud, **deux systèmes cohabitent dans le psychisme** : le premier, qui constitue « la partie émergée de l'iceberg », est composé du préconscient et du conscient, tandis que le second, qui constitue « la partie immergée de l'iceberg », est composé de l'inconscient (première topique).

En outre, **trois instances sont en présence et interagissent** : le ça, qui représente le réservoir des pulsions régies par la libido, le moi, qui représente le principe de réalité, et le surmoi, qui représente une partie du moi créée par l'intériorisation des interdits depuis la petite enfance. Ce dernier constitue la conscience morale de l'individu.

Ces concepts-clés permettent par la suite à Freud d'**étendre la psychanalyse aux pratiques collectives**. Il s'intéresse ainsi, entre autres, à la religion, qu'il conçoit comme une illusion à travers laquelle l'homme angoissé s'accroche à un père protecteur, ou encore à l'art, où l'imaginaire de l'artiste est perçu comme un substitut à la satisfaction instinctive à laquelle il a dû renoncer.

Votre avis nous intéresse !
Laissez un commentaire sur le site de votre librairie en ligne
et partagez vos coups de cœur sur les réseaux sociaux !

POUR ALLER PLUS LOIN

- FREUD (Sigmund), *Cinq leçons sur la psychanalyse*, traduction d'Yves Le Lay, de Samuel Jankélévitch et de Gisèle Harrus-Révidi, Paris, Payot, 2000.
- FREUD (Sigmund), *Essais de psychanalyse*, Paris, Payot, 1981
- FREUD (Sigmund), *Introduction à la psychanalyse*, Paris, Payot, 2004.
- FREUD (Sigmund), *L'Avenir d'une illusion*, traduction de Marie Bonaparte, Paris, PUF, 2002.
- FREUD (Sigmund), *L'Interprétation des rêves*, traduction d'Ignace Meyerson, Paris, PUF, 1999.
- FREUD (Sigmund), *Malaise dans la civilisation*, Paris, Points, 2010.
- FREUD (Sigmund), *Le Moi et le ça*, Paris, Payot, 2010.
- FREUD (Sigmund), *Métapsychologie*, traduction de Jean Laplanche et de Jean-Bertrand Pontalis, Paris, Gallimard, 1986.
- FREUD (Sigmund), *Totem et Tabou*, Paris, Payot, 2000.
- LEGRAND (Gérard), *Dictionnaire de philosophie*, Paris, Bordas, 1973.
- MÉDINA (José) *et alii*, *La Philosophie comme débat entre les textes*, Paris, Magnard, 1988.
- ONFRAY (Michel), *Le Crépuscule d'une idole. L'affabulation freudienne*, Paris, Le Livre de Poche, 2011.
- RUSS (Jacqueline), *Les Chemins de la philosophie*, Paris, Armand Colin, 1988.

TESTEZ VOS CONNAISSANCES !

ASSOCIEZ CHAQUE CITATION À L'EXPLICATION QUI LUI CORRESPOND

Citation 1 : « [...] les processus de pensée les plus compliqués et les plus parfaits peuvent se dérouler sans exciter la conscience du malade. [...] » (L'Interprétation des rêves, Paris, PUF, 1999, p. 519)

Citation 2 : « Il faut [...] voir dans l'inconscient le fond de toute vie psychique. L'inconscient est pareil à un grand cercle qui enfermerait le conscient comme un cercle plus petit. Il ne peut y avoir de fait conscient sans un stade antérieur inconscient [...]. L'inconscient est le psychique lui-même et son essentielle réalité. » (L'Interprétation des rêves, Paris, PUF, 1999, p. 519-520)

Citation 3 : « Les rêves des adultes sont le plus souvent incompréhensibles [...]. [...] C'est qu'ils ont subi une défiguration, un déguisement. Leur origine psychique est très différente de leur expression dernière. » (Cinq leçons sur la psychanalyse, Paris, Payot 2000, p. 38)

Citation 4 : « Il nous faut distinguer deux choses : d'une part le rêve tel qu'il nous apparait [...] ; c'est ce que nous appellerons le contenu manifeste du rêve. D'autre part, nous avons l'ensemble des idées oniriques latentes, que nous supposons présider au rêve du fond même de l'inconscient » (Cinq leçons sur la psychanalyse, Paris, Payot, 2000, p. 38)

Citation 5 : « [...] les actes manqués expriment, eux aussi, des pulsions et des intentions que l'on veut cacher à sa propre conscience et ils ont [...] leur source dans des désirs et des complexes refoulés, semblables à ceux des symptômes et des rêves. » (Cinq leçons sur la psychanalyse, Paris, Payot 2000, p. 40)

Citation 6 : « [...] l'essence du refoulement ne consiste qu'en ceci : mettre à l'écart et tenir à distance du conscient. » (« Le refoulement », in Métapsychologie, Paris, Gallimard, 1986)

Citation 7 : « Notre moi est agi par des forces inconnues, il représente le bon sens tiraillé entre les passions du ça, les exigences de la réalité et la sévérité du surmoi. A l'aide de justifications rationnelles, le moi cache sa triple servitude ». (Essais de psychanalyse, Paris, Payot, 1981)

Citation 8 : « Les idées religieuses [...] sont des illusions, la réalisation des désirs les plus anciens, les plus forts, les plus pressants de l'humanité [...]. [...] L'impression terrifiante de la détresse infantile avait éveillé le besoin d'être protégé [...] auquel le père a satisfait ; la reconnaissance du fait que cette détresse dure toute la vie a fait que l'homme s'est cramponné à un père cette fois plus puissant. » (L'Avenir d'une illusion, Paris, PUF, 2002, p. 43)

Explication a : pour survivre, l'individu repousse de son conscient les représentations perturbantes.

Explication b : la puissance des dogmes religieux se fonde sur le fait qu'ils réalisent le désir le plus ancien et le plus profond de l'homme : celui d'être protégé par un père.

Explication c : il est possible de dire et de penser des choses que notre conscience ignore.

Explication d : notre psychisme est le théâtre du conflit entre trois forces distinctes : le moi, le ça et le surmoi.

Explication e : les actes manqués ont un sens qui échappe à la conscience et qui manifeste des désirs ou des complexes refoulés dans l'inconscient, tout comme les rêves.

Explication f : deux systèmes cohabitent dans le psychisme : le premier, composé du préconscient et de l'inconscient, constitue la partie émergée de l'iceberg, tandis que le second, l'inconscient, en constitue la partie immergée.

Explication g : l'inconscient constitue la structure fondamentale de notre existence, qui comprend le conscient.

Explication h : il s'agit de distinguer le contenu manifeste du rêve, qui nous apparait au réveil, de son contenu latent, qui constitue sa véritable signification après interprétation.

Explication i : on trouve deux types de pulsions instinctives dans le ça : celles qui visent le plaisir et celles qui tendent à la destruction.

Explication j : dans le rêve, les désirs inconscients s'expriment de manière déguisée : ainsi, l'origine du rêve et sa forme divergent fortement.

Rendez-vous sur lepetitphilosophe.fr et découvrez :

Plus de 1200 analyses
Claires et synthétiques
Téléchargeables en 30 secondes
À imprimer chez soi

www.lepetitphilosophe.fr

ISBN version numérique : 978-2-8062-4940-1
ISBN version papier : 978-2-8080-0140-3
Dépôt légal : D/2017/12603/524

Conception numérique : Primento,
le partenaire numérique des éditeurs.

Made in the USA
Monee, IL
07 July 2026

56544701R00022